꿈꾸는 돌

백경희 시집

도서출판 **예사랑**

■ 시인의 말

'우리 딸들이 시집가는 날 나도 시집(詩集)을 낼 수 있을까?'
이런 막연한 바람[願]은 바람을 타고
마침내 현실로 다가왔습니다.

"네 안에도 시의 씨앗이 들어있어.
가끔 들여다보며 물도 주고 일구면서 싹을 한 번 틔워 봐"
나에게 용기를 준 시인 친구의 혜안을 믿으며 두서없이
詩답잖은 글을 끄적거리게 되었습니다.
그로부터 몇 번의 해가 바뀌고 마침내
막내딸 시집가는 날
꿈꾸는 돌처럼 그렇게 묻혀 있던 나의 편린(片鱗)들을
수줍게 세상에 내놓게 되었습니다.

시란 내게 있어 삶의 힘든 고비가 있을 때마다
나 자신을 성찰할 수 있고 스스로 위로받고
상처를 치유해주는 행위였고 통로였다고
지금 이 순간 감히 말할 수 있습니다.

눈물은 우리 영혼을 씻어주는 비누 같은 거라는
어느 작가의 말처럼 나도 누군가의 상처를 씻어 주는
이름 없는 비누이고 싶습니다.

가난했지만 인생의 멋과 풍류를 아시는
내 시의 모태가 되어 주신 부모님,
언제부터인가 백 시인이라는 호칭을 불러주어
괜히 으쓱해져 나로 하여금 용기를 내서
글을 쓰게 해준 소중한 가족들과
그림을 지도해 주신 선생님들께 감사드립니다.
특히 아낌없이 주는 나무처럼 시의 세상으로 손을 내밀어 준
윤수아, 오복순 두 시인 선배님 감사합니다.

겨울의 강가에 서서 소리 없이 내리는 눈을 바라봅니다.
얼음장 밑에서도 봄을 꿈꾸는 생성의 저 힘찬 몸짓들…
아카시아 향기 그윽한 봄으로 마음은 벌써 향하고 있습니다.

2022년 2월

Contents

차례

■ 시인의 말 · 2

제 *1* 부   풀벌레 오케스트라

풀벌레 오케스트라 _ 10
세탁기 _ 12
파리의 연인 _ 14
봄날 _ 17
타이레놀 _ 18
낫 _ 20
염색 2제 _ 22
고주배기 _ 24
목소리 _ 25
한숨 _ 26
오징어 무국 _ 27
스카프 _ 28

Contents

나무 _ 30
누진세 _ 32
타이어 _ 34
손칼국시 _ 37
부탁 _ 38
씀바귀 _ 40

제 2 부 버들개지 꿈

사과 _ 42
별 거 _ 44
갈대 _ 45
현수막 _ 46
잔디 _ 48
쫑파티 _ 50
코스모스 _ 52
참회 _ 54
눈물 _ 56
맨드라미꽃 _ 57
버들개지 꿈 _ 58

Contents

그림자 _ 59
편의점 _ 60
택배 _ 62
일봉의 봄 _ 64
노을 _ 67
약손 _ 68
가을 운동회 _ 70
소풍 _ 72

제 3 부   커피 에필로그

일봉 동문에게 보내는 연서 _ 76
단풍 _ 78
보내고 맞이하며 _ 80
오월의 장미 _ 83
가지 _ 84
평양냉면 _ 86
인연 _ 88
청소 _ 89
팥죽 _ 90

Contents

양말 _ 92
감자 _ 94
감기와 사랑 _ 96
야경 _ 97
커피 에필로그 _ 98
이별 _ 100
드레스 피팅하던 날 _ 101
딸 같은 며느리 _ 104
아들 같은 사위 _ 106
백년손님 _ 108
첫 키스 _ 110

제 4 부 황혼의 발

암, 그렇고 말고 _ 112
이상형 _ 114
황혼의 발 _ 115
병동에서 _ 116
자화상 _ 118
허락 _ 119

Contents

백신 전야 _ 120
물리치료 _ 123
고장 _ 124
기타 하나 _ 126
꿈꾸는 돌 _ 128
공짜 _ 131
집·1 _ 132
집·2 _ 134
에스컬레이터 _ 135
생일 _ 136
해바라기꽃 _ 138
벚꽃 _ 139
자판기·1 _ 140
자판기·2 _ 142

제 1 부

풀벌레 오케스트라

풀벌레 오케스트라

관중도 없다
관람료도 없다
지휘자도 없다
악기도 없다
갑질도 없다
연봉도 없다
그렇다고 불협화음도 없다
그래서 노조도 없다
누가 먼저 풀벌레 오케스트라단을 만들자고 했을까?
귀뚜라미 · 여치 · 메뚜기 · 방아깨비
시작은 미미하였으나
선율에 맞게, 음색은 곱게
저마다 사명을 띠고 이 땅에 태어난 것처럼
어우러져 창대하게 연주한다
가장 낮은 곳에서 알아서 기는 겸손한 그들에게
언제부터 하필 벌레라고 부르게 했을까?
할 수 없이 나도
한때 사는 게 벌레같이 느껴질 때가 있었다

그때는 풀벌레가, 개구리가
나 대신 울어주는 거라고 위로도 받았다
같이 목놓아 울었고
너나 나나 서러운 게 뭐 다를 게 있겠냐고
그래서인가 언제부터
벌레가 징그럽게 느껴지지 않는 거다
조밀하게 기어가는 모습이 귀엽기까지 하다
다리가 많을수록 더 그렇다
특별수당도 안 받고 밤새 일하는 그대들
가을밤은 풀벌레 오케스트라 연주로
운치 있게 깊어만 간다.

세탁기

기억나니?
십여년 전 너와 처음 만나던 날
가슴이 설레었지
앞에서 문을 열고 빨래를 넣는 게 신기해
괜시리 문을 열어 보고
손도 넣어 보고 들여다보고
아직 빨 때도 안된 이불도 돌리곤 했었지
그러다 권태기가 왔는지
엎드려 빨래감을 넣고 꺼내는 수고로움이
짜증나기 시작했어
내가 왜 너한테 허리 굽혀 인사를 해야 하지?
세상에 더러워진 빨래감을 구겨 넣고
세제 넣고 무심히 누르면
당연히 돌아가는 너
10년 넘게 그 짓을 무던히도 해왔다
돌고 도는 세상인 것을 탓하지 않고
그저 돌고 돌았지
돌다 보니 어지럼증에 다리도 휘청거리고

급기야 치매가 와서 아무리 터치해도
돌아가지 않는 거야
제대로 심통이 난 게지

너도 말없이 갱년기가 오고
급기야 더 이상 돌지 못하게 된 너
너는 너의 소임을 다한 거야
그동안 수고 많았다
이제 돌지도 말고
그대로 멈춘 채 편히 쉬렴
세탁기여 안녕.

파리의 연인

몽마르뜨 언덕
어느 까페 햇살 가득한 테라스에서
그윽하게 커피 한잔하고 내려와
루브르박물관에서 천천히 명화를 감상하며
잠시 스탕달효과도 체험해 보았으면 한다
해질녘 세느강이 흐르는
미라보다리 위를 걷다가
맞은편에서 아련히 걸어오는 첫사랑을
우연히 만나지는 않을까 상상해본다
드라마 주인공처럼
에펠탑 가까운 곳에 숙소를 잡고
샤워를 한 다음 꼭 하얀 가운을 입고
머리에는 젖은 수건을 두른 상태에서
파리 야경을 바라보며 우아하게 와인을 마셔준다
내가 만약 파리를 가게 된다면……
일단 버킷리스트에 당당히 올려놓았다

오늘 난 드디어 파리의 여인이 되었다
어쩌다 도시락을 싸오지 않아
동료가 싸 온 일 인분 밥을 나누어 먹는데
아무래도 모자랄 것 같아
이럴 때 딱 제격인 국물까지 있는
인스턴트 컵라면 고마운 음식
건더기 다 먹고 막 국물을 먹으려는데
아뿔사! 세상은 그리 쉽게 네게
국물을 내어 줄 리가 없다
신은 나에게 국물도 허락하지 않았다
그 안에는 파리의 사체가 둥둥 떠 있는 거다
많이 놀라고 당황스러웠다
뉴스에서나 보았던 일이 왜 나한테 꼭 일어나는지
피해갈 수는 없는 건지
물론 고비고비 더한 일도 겪고 살아왔던 나였건만
괜시리 서러워 눈물이 난다

마음을 추스르고 파리 입장에서 잠시 생각해 본다
명색이 네 이름이 파리인데 파리에는 가본 거니?
너 역시 녹록치 않은 고단한 파리 인생
힘에 겨워 몸을 던진 거니?
파리목숨도 목숨이거늘
이 험한 한세상 여한 없이 살다는 간 거니?
너 또한 한 많은 여자의 일생 파리였던 거니?

우리 다음 생에 꼭 파리의 여인이 되어
에펠탑 앞에서 만나자
꼭 파리에 가지 않아도
오늘밤은 와인 한 잔 마시며
너의 명복을 빌어본다.

봄날

봄이 오면 뭐하나
손잡고 마중 갈 동무도 없는데
벚꽃 피면 뭐하나
어깨동무하고 꽃구경 갈 벗이 없는데
봄비 촉촉히 내리면 뭐하나
우산 같이 쓰고 가 칼국시 한그릇 먹을 님이 없는데
비 개인 오후 햇살 좋으면 뭐하나
쑥 커버린 봄나물 캐러 갈 사람 없는데

성환 오일장날이 돌아오면 뭐하나
저잣거리 실컷 구경하다
허기지면 국밥 한 그릇에
막걸리 한사발 들이킬 친구 없는데
허참, 인생 헛살았나 봄
봄인데, 헛헛한 봄날
그래도 봄바람은
향긋하고
시큼하네.

타이레놀

될 수 있으면, 그럴 수 있으면
안 먹고 버텨 보리라
마음 굳게 먹었건만
백신 1차 접종 후
단 한 알의 타이레놀도 먹지 않은 게
나름 은근 뿌듯했다
2차는 좀 달랐다
아플 거라고 예상은 했지만 그래도 설마설마했다
38도 이상 열이 나니 어쩔 수 없이
한두 알씩 이틀 동안 사부작사부작
주워 먹은 게 6알이나 된다
먹기만 하면 통증도 멎고 열도 내리니
약물 중독에 빠진 거다
그래서 상상해본다
나라를 빼앗기고 전쟁을 겪는
아픈 사람들 마음을 다독여 주는 약
이별을 했을 때 먹으면
애시린 마음 한방에 치유해주는 약

이용과 배신으로
쓰린 마음 단번에 낫게 해 주는 약
그것도 먹기 편한 액체로 되어있다면
한 번에 원샷 할텐데
아플 만큼 아파야
시간이 지나야 된다는 거
진즉부터 잘 알면서도
이깃도 약중독?

낫

우리 집은 꼭두새벽부터
전설의 고향이 시작된다
쓱삭쓱삭 쓱
쓱쓱쓱 쓱삭
내 유년시절 아버지의 낫 벼리는 소리에 잠이 깨고
다시 스르르 잠이 들었다
서슬 퍼렇게 벼린 낫으로
소 꼴을 베고, 벼를 베고
참깨, 들깨, 논두렁, 밭두렁을
수십년을 베어 오신 걸까
가끔 손도 베이셨지
그 많은 식솔들 거느리시느라
가슴인들 수없이 베이셔서 상처투성이였겠지
타고난 부지런함을 숙명처럼 여기고
체념하고 베고 또 베셨지
얼마나 많은 날들
낫을 갈았으면 벽돌같이 네모반듯한 숫돌이
비스듬히 닳아 맨질맨질한 게

꼭 말 안 듣는 미운 네 살 같았지
쭈그리고 앉아 낫을 벼리시느라
닳고 닳아 삭아 버린 무릎
내 아버지 별명은 숫돌이었지
'낫 놓고 기역 자도 모른다'는 속담을
내 나름대로 재해석해본다면
자식 위해 밤낮을 가리지 않고
써렇게 벙는 내 아버지의 낫은
낱낱이 기억되어야 한다.

염색 2제

1.
마트에서 고른다
흑갈색, 자연 갈색
새치 염색용
밝은색을 선택하면
내 마음까지 밝아질까 하여
기존보다 밝은색을 선택했다
자연 속에서 고르면
온갖 들꽃색 풀색으로 저절로 물들 것을
바다에서 고르면 부서지는 파도 빛
이른 아침 물안개빛 쪽빛일텐데
내 마음은 무슨 색으로 염색할까
잠시 고민해 본다
오만과 편견
고집과 아집
교만과 가식
허영심 가득한 내 마음의 색깔은
과연 염색이 되기는 할까?

2.
미용실에서 염색약을 고르며
잠깐 고민에 빠져본다

내 마음은 무슨 색으로 염색할까

이른 봄엔 물오른 겨울눈 밀어 올리고 나온
연둣빛으로 해보는 거야

여름엔 쪽빛으로 아니 비 온 뒤
찬란하게 떠오르는
무지개색으로 해보는 거야

가을엔 노란 은행잎이나
고운 단풍색으로 변신하고

겨울엔 다사다난했던 일 년을
깨끗하게 덮어 버리고
온전한 새해를 맞이하는 마음가짐으로
하얗게 염색해 볼까?

고주배기

살짝만 툭 건드려도
힘없이 스러지고 마는
고주배기는 부모님 몸을 닮았지
슬쩍 손으로 만지기만 해도
아스러지는 나무가루는
식솔들 거느리느라 삭아 버린
부모님의 뼈를 닮았지
숭숭 구멍 난 그곳으로
세월이 빠져나가 흔적도 없이 사라져갔지
아궁이에 연신 밀어 넣어
군불을 지펴 데이도록 뜨신
아랫목을 만들어 주신
아~ 그 사랑
지금도 가슴 속 깊이 타고 있습니다.

목소리

상대방의 성격이나 인품을
그 사람의 목소리로 평가한 적이 있었다
저 사람은 목소리가 탁하여
음흉하고 뒤에 분명 뭔가가 있을 거야
목소리가 너무 끈적거리고
느끼한 저 사람은 분명 성격도 비신사적일 거야
성우같이 고운 목소리의 주인공은
성격이 담백하고 매사 긍정적일 거야

듣기 좋은 목소리는 기분까지 상쾌하게 해

갑상선 수술 후
내가 듣기에도 민망한 내 목소리

한때는 목소리 예쁘다는 칭찬으로
기분이 우쭐하고 잘난 척했었는데…

세상 모든 목소리는
참 신성하고 고귀하다는 것을
내 목소리가 탁성이 되고서야 깨닫는다.

한숨

한 숨 자고 일어나니
내 몸 일부가 잘려나갔다네
당초부터 중역을 맡아
오십여 년 넘게 상여금은 물론
휴가 한 번 제대로 못 주고
아직 퇴직금 정산도 못 했는데
고장이 나서 쓸모가 없어졌네
하여 잘라 버렸네
그런데 이상하게
한결 가벼워진 느낌
이참에
가식도 오만도 편견도
허세도 욕심도 고집도
다 싹둑 잘라낼 수 있을까
알아보니
헛
그 용량이 너무 커서
마취조차 안된다 하네
후
한숨만 나오네.

오징어 무국

월남 냄비 한가득 물
넘치도록 넙적넙적 무우
두어 개 썰어 넣고
오징어는 달랑 한 마리

두툼한 몸뗑이는 아버지 국에
통통한 다리는 오빠 국에
얇은 머리는 동생 국에
아무리 뒤져 봐도 부재중인
오징어 대신 무만 산더미인 내 국
댓 발 나온 내 입에
아버지는 엄마 몰래 연신
탱탱한 오징어살을 건네시며
"난 이가 좋지 않아 그런지
물렁한 무가 좋더라"
그걸 진실이라고 철썩같이 믿었던 나는
아버지 국에 있던 오징어를
죄다 골라 먹었는데
그거 유죄일까, 무죄일까?

스카프

동지섣달 내내 너를 끼고 살았다

너를 휘감고 있으면
보드라운 촉감
따뜻한 온기
자꾸 만지고 싶고
느끼고 싶어진다

봄이 와도 너는 여전히
나와 동행을 한다

넣어둘까 했다가도
꽃샘추위 봄바람이 너를 유혹한다

못 이기는 척 다시 포근히 감싸는 너
여름을 직전에 둔 어느날
너는 물고문을 당하여 허우적거리다
뜨거운 폭염에 화상 직전까지 혹사당하고 만다

투명창에 갇히어
외출금지 형벌을 받는다

처연히 버림받은 너
수양버들처럼 길게 축 늘어져
찬바람 나기를 애타게 기다리면서
네 신세나 내 신세나
왜 이렇게 똑같은가 싶다.

나무

나 태어나 한 번도
부모 품에 안겨 본 적 없어도
꿋꿋하게 살아내요

바람따라 이리저리 떠 다니는
근본 없는 사람들에 비하면
나는 꽤 뿌리가 깊죠

사람들이 자르고 옮기기 전에는
평생 이사 한 번 못하니까요

이불도 없이 혹독한 겨울을 보내도
핑크빛 사랑을 꽃피워요

여름이면 묻어날 것같은 녹음을
현란한 고운 단풍으로 무한 날리고
앙상한 가지 위에 곱게 핀
눈꽃으로 보답하지요

바람이 불어야 비로소
내 존재가 흔들리는 나는
아무것도 소유하지도 않은
그래서 나는 발가벗은

나
·
무

누진세

전기요금, 가스요금, 수도요금
안 내고 3개월 연체하면
누진세에 다 끊기고 만다네

먼지를 씻겨 주고
비를 내려 준 구름으로부터
촉촉히 해 준 요금 고지서
한 번도 날아온 적 없는데
무지개로부터 꿈과 희망을 안겨준
대금 청구서 한 번 온 적 없는데

태양계로부터 오십여 년 동안
공짜로 쓴 태양열 요금을
누진세 포함하여 한꺼번에 내라고
통지 온 적 여태껏 없는데

만약 그간 쓴 거 한꺼번에
누진세 매겨 다 내라고 하면 어떡하지?

당신은 나의 둥실 떠 있는 구름이었고
아름다운 무지개였으며
뜨거운 가슴으로 열렬히 사랑하는 태양이었다고
아부하면 감해 주겠지?

타이어

너는
구르고 또 굴러야 하는
동그란 숙명으로 태어났지

너는 나와의 동행을 단 한 번도
거절한 적 없고 주문을 걸면
기다렸다는 듯이 네 바퀴 동시에
네~기사님, 출발
또 서라고 하면 땡 할 때까지
꼼짝 않고 얼음

너는 알고 있지
나와 늘 같이 동행을 했지만
내가 기억하지 못하는 장소까지
추억까지 기억하는 너

너는 그저 견디었지
얼어붙어 차갑거나

녹을 만큼 뜨거운 폭염 속 아스팔트
때론 질펀만 진흙탕 속에서
헛바퀴만 도는
포슬한 모래 속에서도
때론 유리 조각 못과도
찰나의 만남과 이별을 수없이 반복했었지

너의 생전에 휴식은 아주 잠깐동안 뿐이었어
까칠하고 뾰족한 어떤 것에 찔려
휴 한숨을 쉬고 일그러져 있으면
급기야 굴러갈 수 없을 때
그제서야 누워 잠시 휴식을 취하는 너

너는 구르고 또 막 굴러 버린 인생
더이상 굴러갈 수 없게 된 어느날
나사가 풀리고 힘없이 내동댕이쳐
패잔병처럼 절망하며 몸져 누워 버렸지

너는 가장 낮은 곳에서
가장 예민하게 조심스레
첫발을 내딛어 안전만을 생각했고
그 누구도 탓하지 않고
묵묵히 너의 소임을 다한 숭고한 너

이제 또 다른 동그라미 동무의 바톤을 받아
구르고 또 구르다 보면
행복한세상 못갈까마는
오늘도 너는 말없이 그저 굴러가겠지

그동안 불평 없이 나와 동행해 주어
참 고마웠어
이제 동그란 하늘 맘껏 보며 편히 쉬렴
안녕, 내 동그란 친구여.

손칼국시

치대고 또 치대어
촉촉하기가 아기 피부 같고
봉긋하기가 처녀 젖가슴 같은
밀가루 반죽

손바닥만한 땅도 없는
서러움을 보상이라도 받으려는 듯
홍두깨로 힘껏 넓히고 넓혀
고운 분 얹어 켜켜이 접은
밀가루 반죽

월남 냄비에 달랑 애호박 하나
숭덩숭덩 썰어 넣고 끓여냈을 뿐인데
마당 한켠 모깃불 피워 놓고
멍석 두 개 겹쳐 펴고
옹기종기 둘러앉은 우리 남매가 허기를 채우던
어머니의 손칼국시가
오늘같이 가슴 시린 날에는
그립습니다.

부탁

이 험한 세상
두딸을 가진 힘없는 어미에게
늦은 밤 마중을 가지 않아도
밤길을 맘놓고 다닐 수있게 지켜주기를

인생의 고난이 찾아오더라도 주저앉지 않고
설령 바닥을 치더라도
그 바닥을 짚고 다시 일어설 수 있는 용기를
부탁합니다

가난은 죄가 아니되
불편한 거라고 느끼며 일할 수 있는
건강을 부탁합니다

이걸 들어 줄 수 없다면
온전히 다 맡길 수 있는
믿을만한 신 한 분 추천 부탁합니다

고집 센 내가 믿는 신은
바로
당신입니다.

씀바귀

제아무리 씀바귀가 쓰다 한들
인생살이보다 더 쓸까

하여
아버지는 씀바귀나물을 좋아하셨나 보다

"몸에 좋은 건 쓴벱이여"

쓴물까지 질근 드시면서
고단하고 씁쓸한 삶을
지긋지긋한 가난을
씀바귀로 감추며 살아내셨나 보다

지천명이 지나도록 풀리지 않는 의문
씀바귀를 먹어야 인생을 좀 안다는
메세지는 아니셨을까?

제 2 부

비둘개지 꿈

사과

유명 브랜드 옷 한 벌
입히지 못한 거 사과하오

지갑에 용돈 한 번 두둑히
채워주지 못한 거 사과하오

좋은 차 한 번
타게 해주지 못한 거 사과하오

너무 늦게 사과하는 거
또한 사과하오

하니 나 죽으면 부디
당신 집 정원에 한그루
사과나무로 심어주오
그리하여
봄에는 사과꽃과 그윽한 향기를 주고
탐스럽게 커가는 사과를 보며

자식들 재롱처럼 재미줄 수 있게 해주오

일 년 내내 아침마다
사과를 먹을 수 있게 추수하여
당신 건강을 책임지게 해주오
작은 복수라도 좋으니
꼭꼭 씹을 때마다
나를 생각해 주오

이런 이기적인 나를
절대 용서하지 마오.

별 거

별밤에
별 보며 한 잔 하는 거
별 헤다 잠드는 거
별일도 다 있는 거
별 거 별 거 다 있는 거
해보면
별 것도 아닌 거.

갈대

갈 데까지 가보는 거야
꼿꼿이 서서 견뎌 보는 거야

그냥 바람에 맡겨두는 거야
그랬더니 갈 때가 되었나 봐
이제 숭고하게
미련 없이 날려 보내는 거야.

현수막

울긋불긋 꽃대궐 주변에
꽃보다 더 고운 현수막꽃
활짝 피었네
회사보유분 1억에 다섯 채
선거가 끝나면 언제 그랬냐는 듯이
스러지는 공약들
세비를 반으로 깎아
삶의 질을 높여 준다는 새빨간 꽃

네 곳을 온전히 잘 당겨야만
비로소 팽팽하게 피어나는 꽃
애써 피운 꽃 뒤돌아보면
성실한 공무원의 손길로 걷어지는 꽃

공공기관 근처에 달면
괘씸죄에 걸리는 불변의 법칙

한 장 거는데 아르바이트비 이천오백 원
한 장 걷어다 시에 주면 이천원

종이 박스 줍는 것보다 효율적인
어른신들의 고마운 소일거리

가로수 전봇대가 없으면
질대 걸 수 없는
서로서로에게 기대어 윈윈하며
살아갈 수밖에 없는
자본주의의 진정한 꽃이여.

잔디

어떤 잔디는
누구 집 정원에
예쁜 공원에
축구장에
또 누군가에의 묘지에
각기 다른 장소로
떼 지어 옮겨져 삶의 터전을 잡는다

주어진 장소를 탓하지 않고
그저 뿌리를 내리고 살아갈 뿐

잔디를 밟지 마세요
들어가지 마세요
팻말이 붙은 공원 안의 잔디들은
귀한 대접을 받는다

묘지 위의 잔디들은
핑계 없는 무덤 없다며
한 사람의 고단했던 일생들을 토닥이면서

포근한 이불로써 덮어주고
영혼을 위로하고 안식을 준다

축구장의 잔디들은
당초부터 짓밟히기 위해
아니 더 짓밟힐수록 그래야만
선수가 더 빛나는
기꺼이 조연이 되어준다

각기 삶은 달라도
이들 모두가 가진 공통점이 있는데
푸르기만 했던 청춘도 가을이면
어김없이 누렇게 금잔디가 된다는 거
계속 자라날 줄 착각하고 살아가지만
어느 정도 자라면 어느 날 불쑥 깎인다는 거

우리네 인생과 뭐 다를 게 있을까?
어찌 보면 먼 옛날부터 우리는
잔디가 아니었을까?

쫑파티

한 공간 같은 공기를 마시며
한솥밥을 먹은 사람들과
못내 아쉬워하는 쫑파티

돌이켜보면
50년 넘게 해온 쫑파티
얼마나 많은 사람들과의
만남과 헤어짐의 연속이었던가

누구는 큰 쫑
누구는 작은 쫑
크고 작은 조직들
어떤 쫑이든 그 맛은 씁쓸하여라

슬쩍슬쩍 몰래몰래
소리 없이 마늘쫑이 쏙쏙 올라오는 계절
같은 쫑인데
이처럼 꼿꼿하고 푸르고 향긋하고 달달하다니

참 경이로운 마늘쫑
그처럼 풋풋하게 살고 싶어라

오늘 저녁엔 새우 넣고 마늘쫑 볶고 막걸리 한사발
나만의 소박한 쫑파티를 열어
사람 좀 되어 볼까
떨어진 자존감은 세우고 아직도
시행착오 시행 중인 나를 위하여.

코스모스

흔들리면 흔들리는 대로
그냥 내버려 두자

흔들리다 꺾이면 꺾인 대로
그냥 내버려 두자

흔들리다 꺾인 채로 그냥 내버려 두었더니
가을바람이 알아서
가을 물감이 알아서
무지개 물결을 만들었네

아~ 누구나 시인이 된다는 가을
그럼 나도 시 한 수
지어 볼까?

코ㅡ코감기가
스ㅡ스멀스멀
모ㅡ모냐 에이취~

스―스산한 바람에 감기 조심하세요

뭐냐
이게 시냐?
역시 난 시인이 못 된다는 걸
시인하는 가을

그래도
가을이 좋다
코스모스가 흔들려서
나도 흔들려서 혹시
시답잖은 시 한 편
코스모스에 실려 보내 볼까?

참회

어느날 밤
하늘에서 뚝 떨어진 노란 별이
시퍼렇게 멍든 참외를 덮쳐 품더니
부끄러워 몰래 가슴앓이하다
노오란 가슴 슬쩍 내밀었을까

늦여름 참외넝쿨 걷을 때쯤이면
어머니는 덜 익은 퍼런 참외배를
반으로 쩍쩍 갈라
수저로 한 맺힌 속을 팍팍 파내어
장아찌를 담그셨다

한겨울 꼬들꼬들한
도시락 반찬으로 제격이었다

이제 반평생 이상 살고 보니
어머니 속을 태우던 고집이 센 딸
그래서 어머니는 황달로

참외처럼 노랗게 물들어 돌아가신 걸까

이제 때늦은 참회를 합니다만
받아주실 어머니는 아니 계시고
그곳에서도 이맘때쯤이면
참외장아찌 담그고 계실까?

눈물

길어도 길어도 고이는 거
퍼내도 퍼내도 샘솟는 거
닦아도 닦아도 마르지 않는 거
씻어도 씻어도 씻기지 않는 거
볕 좋은 날 내다 말리면
바짝 마를까
드라이기로 말리면
빨리 마를까
한 많은 아낙이 울다 지쳐 쓰러져
얼어버린 눈물이 서리가 되었는지도
서리가 흩날려 눈발이 되었는지도
그래서 눈 오는 날
눈을 맞으면 눈물이
나는지도.

맨드라미꽃

주름진 세월
골짜기 사이로 접첩이 포개어진 숙명
닭벼슬처럼 꼿꼿이 보초 서며 지켜낸 식솔들
젖은 눈 감추려 올려다본 숱한 하늘
하염없어라 쏟아지는 검은 눈물

자식 사랑에 가슴 붉게 타 버린 상처
치유할 엄두도 여유도 없어라
그저 스치는 바람에 실어 날려 보낼 뿐

늦가을 갈무리한 한 줌에
펄펄펄 애끓는 한 잔
여울지는 그리운 내 아버지 꽃

어느새 붉게 녹아내린 황혼이 된
당신 딸은 가는 향기만 가는 바람만
속절없이 바라봅니다
당신이 그랬던 것처럼.

버들개지 꿈

겨울산이 내게로 걸어왔습니다
거대한 산속에 삐죽이 내민 가녀린 고개
하얀 손짓으로 어서 봄이 오라고 부릅니다
솜털 하나 까닥 간지럼피니
부끄러워 어느새 도망치는 칼바람

이산 저산 서걱서걱 긁어모아
스스로 불 지펴 타버린 당신
한 줌 재 두엄하여 다시 피어날 동면의 꿈
그 자리에 계신 것만으로도
그늘이 되고 울타리가 되었던 큰 산
결국 산으로 돌아가 버린 산

아득한 골짜기에도 어김없이
때 이른 버들개지 피어나건만
내 맘속으로 숨어버린 산
웅크리고 숨기 장난
못 찾겠다 아무리 고함쳐도 꿈쩍 않는 산
아직 끝나지 않은 술래잡기.

그림자

땅거미 밀려오는 저녁
산자락 아래 피어오르던 연기
아이 부르던 어미의 메아리
고단한 하루가 주섬주섬 넘어가네

어미 생각
그님 생각

그림자에 옷 입히면
추억의 초록인가
애달픈 쪽빛인가
그리움의 꽃분홍이런가

그림자에 영혼 불어넣으면
기억 저편 설레임인가
한탄의 흐느낌인가
저승으로부터의 손짓이런가.

편의점

늦은밤 부부싸움하여
딱히 갈 데 없을 때
안주 없이도 맥주 한잔하기
딱 좋은 노천카페

때를 놓쳤을 때
주머니사정 가벼울 때
삼각김밥에 컵라면 혼밥이어도
전혀 눈치 보이지 않는
고급 레스토랑

택배도 보내주고
받아 보관까지 해주는 경비실

콩나물, 담배, 문구
휴대폰 충전에 금융까지
참 고마운 편의점

어느새 편의점 없는 세상을
상상할 수 없을 만큼 편한 세상

삶이 지치고 힘들 때
기운 펄펄 나는 급속 충전도 되나요?

잃어버린 사랑에너지
보관된 서 찾을 수 있나요?

택배

택배요!
소리에 화들짝 달려나가
진심으로 감사의 마음에
허리 조아려 기사님께 인사하는 두 딸

삼십 년 가까이 키워준 어미보다
더 기다리고 반갑게 맞이한다

손가락 까닥까닥 몇 번으로
직접 입어보지도 않은 딱 맞는 옷
화장품 · 닭가슴살
별별 것 다 주문해도
집 앞까지 배달해주는 참 편한 세상

동창생을 찾는 사이트도 있다는데
잃어버린 사랑
애틋한 추억은
어느 곳에 주문하면 될까요?

어버이날
새털보다 가벼운 카네이션 한 송이
보낼 수 없는 그 나라에는
왜 택배회사가 없는 걸까요?

일봉의 봄

일봉초등학교 운동장 사이에
소녀의 봄이 살고 있다

아지랑이 잡으려 쫓던
그리 넓었던 운동장이
왜 이리도 작아 보일까
마음은 두고 몸만 나갔다 온 사이
작아진 걸까

오랜만에 들른 발길 옆으로
해묵은 쥐엄나무 열매 툭 떨어져
그동안의 안부를 묻는다

고무줄놀이를 끊어가 버린 그 소년은
어디선가 나처럼 늙어가겠지
도루코 면도칼을 접으며
단 한 번만이라도 고해성사를 했을까

눈치 없이 울리는 배꼽시계 탓에
은밀히 숨어 있던 도시락 뚜껑이
망설임 없이 열리고
프리미엄 없는 땅따먹기는
하루를 서산 밑으로 구겨 넣고는
정지되지 않는 기억을 뒤돌려 본다

일봉산에서 마중나온
아카시아 향이 스쳐 지나갈 때
유년의 친구들이 보고 싶은
참 맑은 날
핀치기 비석치기 공기놀이와
향긋한 냉이무침을 넣고 버무려
기울어가는 저녁 모서리의 여분을 채운다

아~ 그때
몽당연필 주우러
마룻바닥 밑으로 기어들어간 아이는

아마도 희망을 주워 들고 나왔겠지
살아가면서 바닥을 칠 때마다
그 바닥을 딛고 일어날 용기를 얻었겠지

천둥번개 치고 비온 뒤에야
아름다운 무지개를 볼 수 있듯이
빼앗긴 들에도 봄은 왔듯이
결국 반드시 봄은 오고야 마는데

차령산맥
우뚝 솟은 기개
정기 받고 자라난 일봉인이여
삶의 원동력이 되는 동심이여
영원하리.

노을

시어머니 몰래
마실 나온 새색시가
낮술 한잔하고
부끄러워
빨간 얼굴 감추려
서둘러 집에 가는데
노을 환장하게 붉어
얼굴 더 타오르네.

약손

많이 놀랄까
고양이걸음처럼 살금살금 다가와
뭐든 있기만 하면 다 주는
약손이 있습니다

삶이 시들어 있을 때
신선한 충격으로
또 살아 낼 용기를 주는
약손이 있습니다

감성이 이성을 지배하여
방향을 잃게 되었을 때
조심조심 중재해 주는
약손이 있습니다

내가 지쳐 막막할 때
내 안에 에너지를 채워주는
약손이 되어 주세요

아비 어미 잃은 지천명 고아에게도
아직은 약손이 필요한가 봅니다

이 가을
가슴 시리고 저린 그 누군가에게
그런 약손이고 싶습니다.

가을 운동회

파란 하늘
만국기 아래로 고추잠자리는
신나는 운동회를 가지고 날아왔다

잠시 일손 멈춘 옆집 영감님 아침부터 아끼던
하얀 고무신을 닦으며 콧노래를 부르신다

서랍 깊숙이 아껴 두었던 동동구르무와 월남치마로
한껏 멋을 낸 아낙들
동구밖 코스모스도 덩달아 춤추는 동네잔치였다

무슨 상이든 단 한 번만이라도 받아보는 게 소원이라는
공부가 꼴등인 아들과 엄마가 손잡고 달리기를
체면도 신발도 다 벗고 뛰어보지만, 또 꼴찌

청군 이겨라, 백군 이겨라

이쪽 편아 잘해라, 저쪽 편도 잘해라

우렁찬 응원에 잡아당기다 끌려가는 줄다리기에
애태우던 부모님들 슬쩍 줄 끝을 잡아당겨 본다.

터질 듯 말 듯 오재미가 터지면서 점심시간을 알리자
뱅글뱅글 긴 실에 꿰인 찐 밤과
채 여물지도 않는 애기고구마
그리고 칸칸이 가득 채워 온 꽃무늬 찬합이
서둘러 운동장가에 자리 잡는다

운동회가 그리워지는 가을이면 내 머리 위에서
잠자리 떼 지어 잉잉거린다.

아~ 손목에 찍힌 동그란 2등 빨간 도장처럼
지우고 싶지 않은 아름다운 추억의 편린들이여

꿈과 희망을 싣고
내일을 향해 굴러가는 공 굴리기는
지금도 여전히 굴러가는 중이다.

소풍

소풍날이 다가오면
가슴도 설레이지만
걱정도 설레발

그날, 비가 오지는 않을까
늦잠 자다 지각하지나 않을까
귀한 사이다병이 깨지지는 않을까

학교마다 화장실에는
심술쟁이 훼방꾼 귀신이나
용이 살고 있었나 보다
소사 아저씨가 공사하다 그만
실화 같은 괴담이 돌았으니

그날은 선생님들도 다 거짓말쟁이가 된다
늦게 오면 떼어 놓고 간다면서도
한 번도 그런 적 없으니
하긴, 그날은 절대 지각을 하지 않았으므로

일봉산 · 개목산
주로 인근 산으로 소풍을 갔다

숲속 곳곳마다 언제 와서 숨겨놓았는지
보물들과 숨바꼭질해봤지만
여태껏 한 번도 찾아내지못한 보물찾기는
지금도 찾는 중이라고

아~ 기다리고 기다리던 소풍날
무슨 약속이라도 한 듯
가져가지 않으면 법에 저촉이라도 받는 건지
삶은 계란과 사이다는 꼭 싸갔는데

계란처럼 둥글게 둥글게
영양가 있게 살아가라고
삶이 버겁고 퍽퍽하고 목이 메이면
사이다 한 병 시원하게 마시며 살아가라고

어차피 인생은 잠시 왔다가 가는 소풍이라니까
신나게 재미지게 놀다가 가세

지천명 넘게 살아낸 길 돌이켜보니
결국 삶은,
삶은 계란처럼 팍팍하다는 것을
뒤늦게 깨닫게 되는 것을…….

제3부

커피 에필로그

일봉 동문에게 보내는 연서

진한 커피와 함께 나이 따라
계절과 나를 여러 번 다녀갔다
봄, 여름, 가을, 겨울 그리고 또 다시 봄
2020년 경자년 새해가 찬란히 밝았다

누구나 그러하듯
설레고 다짐하고 기대하면서 새해를 맞이한다
하지만 나에겐 하나 더 추가된 셀렘이, 떨림이 있다
그것은 일봉초등학교 총동문회의
문으로 들어서는 순간이더이다
그곳은 씹을수록 고소한 라면땅 속 별사탕처럼
달콤한 우리들의 추억의 과자 이더이다.
그를 떠올리면 선물 받기 전
눈 감고 기다리는 동안의 애틋한
첫사랑 이더이다

그를 생각하면 옹달샘처럼 솟아나는
아름다운 내일을 만들어내는
긍정의 에너지이더이다

그와 함께했던 시간들이
삶이 지치고 힘들 때마다 위안이 되고
또 살아낼 용기를 주더이다

추운 겨울날 교실 안 석탄난로 위에
층층이 올린 도시락이 아직도
식지 않고 나를 반겨주었기 때문이며
폭설이 내려도 묻혀지지 않을
따듯한 유년의 뜰이더이다 .

노을이 지기 전 커피 맛은 유난히 더 달달하다 .
비 오는 하굣길 도랑에 띄워 보낸
검정고무신 돛단배는 유년의 꿈을 싣고
넓은 바다를 향해 지금도 항해 중이겠지

아~ 그립다
굳이 말하지 않아도
어느새 다가와 손잡아주는 선후배님
친구들아 수줍게 고백하노니
나의 러브레터 받아 주겠니?

단풍

어디 물드는 게 단풍뿐이더이까
팬데믹 대유행으로 전 세계가 울긋불긋
마스크로 물들었고
가족과 이별한 사람들은
가슴 저리다 못해 핏빛 눈물로 물들었지요

어디 떨어지는 게 낙엽뿐이더이까
사회적 거리 2m 떨어지라 하니
자영업자들 매출과 일자리도 떨어졌지요

코로나 19가 발현된 지
두 해를 넘기고 있는 날들을
숨죽여 조심 또 조심하며 견디고 기다려
다시 헤쳐 모였습니다

지극히 평범한 일상이 얼마나 소중한지 알았고
하여 늘 하던 송년회도
이번에는 더 귀하게 여겨집니다

동지선달 매서운 겨울 긴긴날들을
적응하고 견디기 위해
모든 잎을 떨구는 단풍처럼
마음 비우고 초심으로 돌아가
새봄이 오기를 푸른 새싹이 돋아나기를

고양이걸음처럼 살금살금 다가오는
봄이 오는 소리가 여러분 들리시나요?

보내고 맞이하며

또 한해가 빠져나가는
텅 빈 공간 속에 서 있는
지금이라는 귀중한 시간
우리는 늘 보내고 맞이하는 연습을 하며,
오늘 아쉽지만 원기호 회장님을
잠시 보내 드리려 합니다

신년 벽두부터 몰아닥친
코로나19라는 미명의 바이러스가
우리 인류의 생명을 위협하고 있지만
그래도 우리 일봉초등학교 동문들은
꿋꿋한 의지로 이 자리에 모였습니다

얼굴옷이 되어버린 마스크
전국민 드레스코드 마스크
그래도 우리는 한 번에 알아봅니다
일봉이라는 이름의 동문들이기에

우리는 원래부터 위선과 가식
교만과 허영심의 마스크를
착용하고 살아왔던 건 아닌지?

천만 관객을 목표로 만든 좀비 영화가
사실 우리들의 현재 이야기는 아니었는지
하여 우리들도 좀비가 되어가는 건 아닌지
아니 좀비로 살아가는 건 아닌지?

겹겹이 포개져
두터워진 오만과 편견,
타성의 마스크는 어떻게 벗겨낼 수 있을까요?
그 언제쯤 돌아오게 될 지 모르는
평범한 일상을 기다립니다

우리 일봉 동문들 모여
턱 빠지게 웃고 떠들며 노래하게 되는 날
그날을 기다립니다

일봉의 기상을 한껏 높여 주신 원기호 회장님
한 해를 보내는 아쉬움보다
더 아쉬운 마음이지만
뒷모습이 아름다운 사람으로
늘 우리와 함께할 것임을 믿으며
미래를 향한 발걸음에 큰 박수를 보냅니다.

오월의 장미

오월의 장미가
가슴 저리도록 붉은 이유
영원하자던 사랑도
타버릴 것 같던 사랑도
다 새빨간 거짓말이므로

장미꽃가시가 더
도도한 이유
빼앗길세라 노심초사
질투의 화신이 응어리져 솟았으므로

장미꽃향이 그윽한 이유
푸른 기억도 질투도 화신도
그 모든 걸 품고 멀리멀리 날아가라고

5월은 계절의 여왕
네겐 마왕의 계절인 것을…….

가지

해가 여름을 입증이라도 하듯
뜨겁게 익어간다
뒤뜰에서 자라는 가지는 해가 지나가는
시간을 몸으로 기록한다
매끄럽게 자라지 못한 몸은
나의 상처를 생생하게 붙들고 있다

유년시절 고무줄처럼 늘어나는 허기에
바나나 대신 가지를 먹었다
가지의 보랏빛껍질을 벗기면 뽀얀 속살이
맛을 예리하게 알아차리지만
이내 가지가 바나나로 태어날 수 없는 법을
나는 읽는다

어머니의 가지 찌는 방식을
가마솥 안의 쌀들이 익기도 전에 안다

느닷없이 끼어든 무게 때문에
검게 멍든 밥알을
남동생의 뽀얀 쌀밥을 탐하며
꾸역꾸역 밀어 넣는다

방금 쪄내어 흐물흐물해진 가지에
식어버린 열정과 희망의 양념을 넣어
조물조물 정성스레 비무린다

나의 삶도 가지와 함께
맛나게 익어간다.

평양냉면

남북 정상회담이 열리는 날에는
어김없이 평양냉면집에
냉면 애호가들이 줄을 잇는다

북에 두고 온 첫맛도
남에서부터 태어난 맛도
오직 하나의 마음
하나의 맛으로 기다린다

쉬지 않고 연습 중인 헤어질 때 맛과
만날 때의 맛이 이루는
하나의 뜻으로 길게 토해 낸다

70여 년 분단의 갈증을
육수와 면발이 주고받으면
높은 고지 계란에서 멈춘 시간이
꽃잎처럼 냉면 위로 내려앉는다

냉면 하나로도 충분한
통일에의 염원은
평화의 바람으로
그렇게 불고 있다.

인연

옷깃이 마르고 닳도록 스친다 한들
인연이 된답디까?

단한번의 스침으로도 인연이
되는 것을

맺고 싶어도 맺을 수 없고
끊고 싶어도 끊을 수 없는 게
인연이랍디까?

인연의 반대는 연인인 것을
연인의 반대는 또 인연인 것을

아! 억겁의 세월
그것도 모자라 질기디질긴
끊어도 끊어도 이을 수 없고
이어도 이어도 끊을 수 없는
인연이여.

청소

볕 좋은 날
눅눅해진 내 마음문
두 짝 활짝 열어제치고
허세를 탁탁 털어내고
이기심 내다 말리고
장기에 쌓인 욕심의 묵은 때
구석구석 빡빡 문질러 닦아내면
한결 뽀송뽀송해진 마음
새로운 시작이다
청소 끝.

팥죽

지긋지긋한 가난
절대 나아질 것 같지 않은
궁핍한 살림에도 싹틔운 희망
늦가을 갈무리한 한 줌의 팥

먹고 죽으려 해도 없는
그놈의 돈, 한 맺힌 응어리
돈 모양으로 새알심 빚어
펄펄펄 애끓는 팥죽은
어머니의 피죽입니다

죽으면 훨훨 날아 새가 되어
세상 구경 하고 싶다던 어머니

아마도 세상 구경 대신
동지섣달 긴긴밤
아궁이 앞에 쭈그리고 앉아
새끼들 생각에 팥죽을 쑤고 계실 겁니다

아
씁쓸하면서도 고매한 맛
다시는 맛볼 수 없는
그 팥죽은 정녕
어미의 피죽입니다.

양말

벗을 때는 분명
두 짝을 다 벗었는데
세탁할 때도 분명 두 짝이었는데

세탁기 안 블래홀 속으로 빨려들어간 걸까
허공으로 날아 산화된 걸까

세탁한 양말을 개려고 보면
늘상 짝없는 한 짝이 불쑥 나온다
구멍 난 그곳으로 떠나갔을까?

어느 날 불쑥 나타날
분명 집안 어디엔가 있을
나머지 한 짝을 서랍 속에서
기다리고 있으라고 일단
짝없는 양말끼리 짝지어놓는다

짚신도 짝이 있고
헌신짝도 짝이 있고
양말도 짝이 있는데
나의 짝은 그 어드메 있느뇨
허공에 대고 넋두리해본다

하긴 양말 짝도
찾기 어렵거늘
사람이야 오죽하랴마는

허공은 그저
허허
허참
허탈하게 웃는다.

감자

텃밭에 감자꽃이
흐드러지게 피던 날
하늘에서 하얀 별이
무차별 떨어진 줄 알았고
작은 무궁화꽃인 줄 알았던 유년시절

해가 가장 높고 길게
뜨겁게 익어가는
하지가 가기전에
게을름쟁이도 어서어서 감자를 캐렸다

새참으로 내어 갈 감자를
고무다라 한다라이 껍질 벗기는 일은
참 지겨웠다
뽀얀 감자가 파근파근하게 익으면
배 터지게 먹는 행복감에
그 고단함을 까맣에 잊곤 했는데

반평생넘게 감자가 들어가서
감자탕인 줄 알고 있었던
무지와 시행착오 혼란뿐인
내 젊은 날들이여

솔라닌이라는 나쁜 독이 있어
먹을 때는 매우 깊게 도려내야 한다는 말도 잊은 채
아까워 조금만 도려냈던 궁핍함도

주먹만한 감자 하나에
고추장 한수저 청양고추가 전부인
붉은 감자찌개가 세상에서 젤 맛나다던 님은
어느 날 홀연히 붉게 사라져 가버렸다

사람이 안먹어 돼지에게나 주었다던 돼지감자가
최근에는 약초로써 역할을 톡톡히 해 주목받는데

이왕의 늦은 지각생 인생
천천히 가는 거야
이제 감 잡았어.

감기와 사랑

눈물과 콧물이
나는 거

한 번 걸리면
아플만큼 아파야
나을 때가 되어야 낫는 거

밤이면 더 심하게 아픈 거

다시는 안 걸리고 싶지만
또 걸리고 마는 거.

야경

사람들이 일부러
야경을 보러 가는 건

밤의 풍경을 더
보고 싶어 하는 건

고단했던 세상이
어둠에 다 가려져
보이지 않기 때문일 거야

불빛처럼 나 또한 어둠 속에서
빛나고 싶기 때문일 거야

야경은 별빛과 닮아서
별별 사람들이 다 모여 사는 지구에서
별이 그리워 그럴 거야.

커피 에필로그

떠난 님 그리며 마시는 커피는
먼지 쌓인 아끼던 고운 잔에 담아
고소한 추억을 볶아
애틋함을 휘휘 저어 미소까지 얹어보지만
갈음할 수 없는 미묘하고 씁쓸한 맛이어라

연인들의 마주 앉은 커피는
이세상 영원한 게 있으랴마는
언젠가 식을 줄 모름을 애써 모른 척하며
머그잔 가득 넘치도록
애꿎은 커피만 리필하는데
무설탕이어도 달콤한 사랑의 묘약이어라

부모님 무덤가에 소주 한 잔 북어대가리
입가심으로 부어 놓고
남은 한 모금의 캔 커피는
한 움큼의 일그러진
회한의 검은 눈물이어라

잠깐의 망중한
동료와 상사의 눈치 살피며
홀짝거리며 서서 마시는 커피는
종이컵만큼이나 얄팍한 비정규직의 설움
달달한 시럽 넣어도
섞이지 않는 비릿한 기름맛이어라

내 분신과 한 잔으로 두 잔 세 잔
나누어 마시는 커피는
먼 고향 진달래의 향긋한 내음
양수의 질펀하고 끈적한 맛이어라.

이별

사랑을 할 때는 불같이 하고
이별할 때는 얼음같이 차갑게 하는 거야
솔바람처럼 시원하게 하는 거야
스낵처럼 가볍게 하는 거야
커피향처럼 그윽하게 하는 거야

상처받지 않은 척
하나도 슬프지 않은 척
외롭지 않은 척
쿨한 척
뒤도 돌아보지 않고
옆도 쳐다보지 않고
그냥 앞만 보고 걸어가는 거야

척 척 척.

드레스 피팅하던 날

어느 드라마
재벌집 사모님께서
드레스피팅에 따라가서는
입고 나오는 드레스마다
그건 아니야
그것도 아니야
그건 좀…
빠른 화면으로 몇 장면 휙 지나가고
예비신부는 지쳐 울상이 되어간다

나도 그거 한 번 해보고 싶었다
냉정하고도 객관적이면서도
재벌집 사모님보다
더 도도한 표정으로

그건 아니야~

작은 딸아이 웨딩촬영에 입을
드레스피팅에 따라갔다가
드라마는 드라마뿐이구나
다 연출이었구나
연기를 너무 잘하는 배우였구나
깨달았다

부잣집 마나님 보다
난 더 대단한 엄마였다
여신을 낳았으니까

내 딸이어서였을까
눈이 부셔서 눈물이 났다
입는 것마다 다 예뻐서
고르기가 너무 힘들 정도였다

어미가 떠준 드레스를 입고
시집간 큰딸에게 너무 미안했다

저토록 아름답고 잠자리 날개같이
하늘거리는 예쁜 드레스가 많은데

나 역시 어쩔 수 없는
고슴도치 어미란 걸
시인하는 날이었다.

딸 같은 며느리

시어머니께서 해주신 김치와 반찬이
세상에서 최고 맛있다고 애교부리며
식탁 위에 반찬값이랑 손편지 써
감동 주는 딸

대중탕도 같이 가
원초적 본능으로 돌아가
빡빡 시원하게 등도 밀어드리는 딸

다정하게 어깨와 다리도
주물러 드리는 딸

내 딸이 그런 며느리였으면
참 좋겠다 그러길 바란다
하여
딸같이 담뿍 사랑받길 원한다

한데 어디 자식 맘대로 돼야 말이지

하긴 나도 그리 못했으니 무얼 해

그래도
고부갈등이 뭐래?
시집살이는 또 뭐고?
다행이 내 딸은 그런 거 모르고 산다니
얼마나 감사한 일인지
또 간절히 원하는 바
너무 이기적인 친정엄마라 비웃어도 좋다

다행히 부족하고 허물 많은 여식을
기꺼이 아껴주시고 품어주시는
자애로운 사돈을 만나 망극할 뿐

새 사돈님
아직도 제겐 애기같기만한 막내딸
부디 잘 부탁드리겠습니다.

아들 같은 사위

왜 사위는 절대 아들이 될 수 없다고 하는 걸까?

아들을 낳아 키워보지 않아서
아들이 어떤 느낌인지 잘 모르기는 하다

전철 안에서 반듯한 청년을 보면
무심코 저런 남자가 우리 사위였으면 좋겠다
막연하게 생각했었다

그러던 어느날
집안에 출현한 한 젊은 남자
어떻게 대해야 하는지도 잘모르겠고
낯설기만 하다

한 가족이 되고 보니
너무 든든하고 의지도 된다
참 좋다

이제 4위 아니고 1위라 부르겠다 하던 차
또 젊은 남자 하나 더 들어온단다
그럼 2위인가?

우리 1위님 왈
이제 저 영 순위로 올려주세요
너스레를 떤다
기꺼이 콜

존경하는 두 사돈어른님
우리 서로 자식을 나누어 가졌으니
귀한 아드님을 제 자식처럼
살뜰히 챙기겠습니다
귀히 여기겠습니다.

백년손님

여북하면 백 년 동안 어려워
백년손님일까마는
바꾸어 생각해보면
백 년에 한 번 올까말까한
귀한 손님

아무리 아들 같은 사위가 착각이라고깝세
남편도 잘 못하는 커텐봉
못질도 편하게 부탁해도 될
든든한 젊은 남자손님

한 푼 연봉도 안받고
내딸을 백 년 동안 지켜 줄
보디가드

시끄러운 시국에 경기까지 불황인데
봄맞이 세일로 딱 50%만
할인해 주면 안되려나?

해준다면,
울긋불긋 꽃대궐 속으로
꽃비 맞으며 오시옵소서
오십 년 손님으로.

첫 키스

모래를 한 줌 넣고 하여도
솜사탕처럼 사르르 녹고

쓰디쓴 익모초즙을 마시고 하여도
초콜릿보다 더 달콤하고

약오른 땡초를 덥석 베어 물고 하여도
카스테라보다 더 촉촉한 맛

한 여름밤 유성같이
와르르 쏟아지는 황홀함

사이다보다 더 톡 쏘는
그녀의 첫 키스.

제4부

황혼의 발

암, 그렇고 말고

갑상샘암 진단을 받았다
위로받고 싶어서 사람들에게 말하니

그건 착한 암이야
효도암이래
그 암은 암 축에도 못들지
심지어는
로또 당첨된 거네
그렇게 말하는 주위사람들에게
많이 서운했다

내 몸에 암덩어리가 존재한다는
그 사실이 참 암담한 일인데
착한 암이라니…

입원을 하고 수술에서 깨어나
암병동을 산책하다 알았다
중한 암환자들에게 얼마나 죄송하고

무색했는지를

좋은 꿈이라도 꿀라치면
혹시나 하고 구입했던 로또
역시나 하고 좌절했던
로또가 당첨된 기분으로
나머지 인생을 덤이라 여기고
겸손히 살아내야겠다

암, 그렇고 말고.

이상형

저녁을 먹고 쓰레기봉투 하나씩 들고나와
분리수거하고 동네 한 바퀴 돌며
별도 보고 달도 보며 산책 같이하는 사람

백화점 고급 명품관은 아니더라도
장날 저잣거리에서
국밥 한 그릇, 순대 한 접시
막걸리 한 사발 들이킬 줄 아는 사람

비 오는 날
창 넓은 까페에서 그윽한 커피 한 잔 마시며
빗물인지 눈물인지 추억을 나눌 사람

아무 특별한 날이 아닌데도 뜬금없이
들꽃 한줄기 쓱 내밀어 주는 사람

그런 사람이 과연
있기는 할까
있다 한들 내 차지가 되기는 할까
나는 그런 사람에 준하는 사람이긴 할까?

황혼의 발

어느 밤 회색 도시를
방황하는 순수한 영혼의 맨발
한 걸음 두 걸음 세 걸음
걸어 걸어 갈라지고 아물기를 수 차례
거북이등 같은 억겁의 발

슬픈 황혼의 발은 터벅터벅
아식도 귀가하지 못한 채
한 잔 술에 빙글대다 애써 온전한 안식을 얻는다
컴컴한 동굴 속에서만 꼼지락거리는 자유

오늘은 또
내일은 어느 곳을 향해 떠나갈지
맞추어놓은 알람 소리에
누웠던 발 숙명처럼 또다시 낯선 세상 속으로
씩씩한 척, 용감한 척, 정의로운 척
터벅터벅……

병동에서

갑자기 입원을 하게 되었다

환자복만 입으면
남 · 여 구분 빼고는
다 똑같이
평준화될 거라 여겼다
학력도 스펙도 특히
몸매도 다 가려질 줄 알았다

그 옷만 입으면 모든 게
공평해지고 평범해지고
이곳만은 그럴 줄 알았다

특실
2인실
6인실

특식
별식
사식
주는 대로

나는 이 환자복을 빨리 벗어 버리고
병천 저잣거리로
날려가고 싶다
국밥이 그립다.

자화상

하나 뽑으면 일 원씩 받았던
아버지의 흰 머리를
이리저리 헤집던 소녀

머릿니가 밤새 서캐를 슬은 듯
흰 머리가 한 움큼 잡히는
거울 속의 저 여인

머리가 하늘까지 닿을 듯
폴짝폴짝 고무줄놀이하던
꿈꾸던 소녀

그 소녀는 지금
턱턱 막히는 숨을 참으며
불혹의 계단을 오르고 있다.

허락

어두운 밤
북쪽 하늘쯤에 빛나는 별 하나 보며
그대 그리워해도 될까요
그래도 된다면
맘껏 그리워할 수 있도록 허락해 주세요

이유 없이 그대 더 밝은 별이 되기를
기도해도 될까요
그래도 된다면
기도할 수 있도록 허락해 주세요

가을꽃 진자리에 허전한 마음 피는 날
당신을 향한 연서(戀書)가 낙엽 위에 박혀
시가 되어 떨어지면
뜨거운 전율이 흐르는 가슴으로
덥석 안길 수 있도록 허락해 주세요

이 모든 걸 허락하지 않아도
허락한 걸로 착각할 수 있도록
허락해 주세요.

백신 전야

코로나 백신 접종 사고가
빈번히 일어나는 가운데
백신 맞기 하루 전
이런저런 생각들로 복잡미묘한 밤

이순이 다 되는 동안
매 순간이 선택의 연속
그런 속에 살아왔건만
할까 말까?
갈까 말까?
맞을까 말까?
망설이기만 하는 내 성격이
후회도 많았지만

사람들이 사는 세상은
늘 갈등과 반목이 공존
이게 살아있다는 증거겠거니
하고 살아온 날들로부터

이젠 자유로워 져야지

그들로부터 내가 받은 상처보다
나로 인해 상처받은 사람들을
마음으로 사과해야지

여러 상념 속
잠이 오질 않아 참회록을 쓰는 밤

내일 조식에는 연어스테이크로 식사를 하고
후식으로는 테라스 넓은 집으로 이사해서
예쁘게 바를 꾸미고
그곳에서 우아하게 마시려고 아껴 두었던
고급진 꽃무늬 찻잔에
향기로운 차를 내려 마셔야지

작년에 입고 드라이해두었던
한 번도 입지 않았던 하늘색 원피스를

꺼내 입고 가야지

이랬던 그녀가
백신 맞고 멀쩡하다면
오늘밤 일은 싹 다 잊고
또 속물처럼 아무일 없었던
일상으로 돌아가겠지

말짱 도루묵처럼
그러면 그마저도 감사하며
살아가겠지.

물리치료

1단계
뜨겁게 달군 팩을
다친 곳에 대고 지진다
잠시동안은 마비되어 시원해진다

2단계 전기치료
처음엔 찌릿찌릿
기분 나쁘고 겁나지만
누가 간지럽히는 양 견딜만하다

3단계 뜨거운 광선 쪼이기

이런 물리적인 치료방법 말고
마음 다쳐 냉한 곳에 대면
따뜻해지는 매트는 없나요?

상처받은 가슴에 척 붙이면
금방 아무는 밴드는 없나요?

고장

냉장고 · 세탁기 · 전기밥솥
10년 정도 사용하면
고장이 나서 한 두어 번은
A/S를 받게 마련이다
수리비가 눈덩이처럼 커지면
결국 새 것으로 바꾼다

하물며 사람은
100년도 넘게 쓸 정도니
참 견고하게
만들어졌다
잘 관리만 하면

내 몸 반 이상 사용했으니
여기저기 고장날만도 하다

더 녹슬기 전
기름칠도 하고 운동하면서

수리할 곳도 무지기수다

그나저나
수리비는 누구한테 청구하지?
아 보험회사!!

기타 하나

기타 하나만 있으면
집도 절도 필요 없는 사람

기타 하나만 있으면
돈도 명예도
불필요한 사람

기타 하나만 있으면
세상 다 얻은 양
행복한 사람

기타 하나와
사랑만 있으면 되는 사람

그런 사람을 본인도
한량이라 일컫는 사람

그밖에
기타 등등

기타를 둥둥
어라
둘이 이상하게 비슷하게
닮았네

인생도 도낀 개낀
오십보 백보인 것처럼.

꿈꾸는 돌

사방치기
공기놀이
비석치기
유년시절 늘
가지고 놀았던
친숙한 돌은
내 동무였고
내 꿈이었다

행길가 할 일 없어 보이는
그저 뒹구는 돌멩이 하나도
다 존재의 이유가 있어
이 세상에 왔다지

모난 돌들은 석공의 정에 맞아
어느 집 정원에 석등으로
어느 사찰의 탑으로
또 예술품으로 변신하겠지

실개천의 돌들은
푸른 강에 이르러
마침내 너른 쪽빛
바다를 꿈꾸겠지

모델하우스 주차장에 깔린 작은 돌들은
종일 치 바퀴 아래 깔리지만 언젠가는
따뜻하고 소박한 내집을 꿈꾸겠지

돌아 ~
주눅 들어
돌아앉아 있지만 말고 이제
당당히 세상을 향해
구르고 또 구르거라
다 돌고 도는 인생이란다

그런 네게 누가 감히 돌을 던지리

돌이 날아오면
피하지 않고
당당히 맞으리다

돌아 ~
지나간 세월은
아쉽다 돌아보지도 말고
돌아가지도 말고
앞만 보고 가거라

그저
너의 길을 총총히 가거라.

공짜

세상에 공짜는 없다고?

찬란한 눈부신 태양 공짜

촉촉히 적서주는 비 공짜

비온 뒤 일곱까지 희망을 주는 아름다운 무지개 공짜

잊고 살았던 첫사랑 생각에
가슴 설레게 해주는 눈 공짜

이름 모를 수만 가지 향기로운 들꽃 공짜

쪽빛 바다 공짜
세상에는 공짜가 참많네
나는 대머리가 벗겨져도 공짜가 좋다

그냥
그저
누려.

집 · 1

번듯한
아뜰리에가 아니어도
카페 같은 예쁜 갤러리가 아니어도

산 아래 양지바른 곳
아홉 평짜리 컨테이너면 어떠하리
손바닥만한 앞뜰에
푸성귀 텃밭 가꾸어
상추쌈에 풋고추 된장만 있으면 되지

뒤뜰엔 운치 있는 대나무 심고
감나무도 한그루 심자

댓잎 소리 바스락거리는 날
감꽃이 흐드러지게 떨어지는 날

시답잖은 시를 짓고
낙서 같은 그림을 그려볼 터

그런 소박한 내 꿈을 이루어 주는 게
자신의 꿈이라고
꼭 이루어 주겠다는
그런 사람이 있다는 게
곧
시(詩) 같은 사랑이고
그림 같은 집입니다.

집 · 2

고래등보다 높고 대궐 같은 기와집을
아흔아홉 채 소유하고도 한 채를 더해
백 채를 채우고 싶은 게 사람의 욕심이거늘

조물주 다음이 건물주라
그 위상이 하늘보다 높아진 세상

올곧은 심상 마음밭에 터를 다지고
삼월삼짇날에 제비 한 마리 물고 온 박씨 심으니
그곳이 천수답인들 주렁주렁 열리지 않겠는가

욕심과 사심을 조롱하듯 무수히 열리는 조롱박
행복을 마구마구 퍼 올리는 두레박
가늠할 수 없는 너른 평수의 집이여

대박!
바로 당신이 지은
집입니다.

에스컬레이터

올라갈 때도 한 계단씩 없어지고
내려갈 때에도 한 칸씩 사라지는
에스컬레이터
우리네 인생과도 닮았다

성공을 위해,
설령 성공을 해서 정상에 올라갈 때도
서너 계단은 평평해져야 내릴 수 있으니까

실패해 포기하고 내려갈 때도
서너 칸은 평평해 납작해져야 내려오니까

올라갈 때든
내려올 때든
에스컬레이터처럼
손잡이 꼭 잡고
중심도 잡고
평정심을 잃지 말아야겠다.

생일

사는 동안 수없이 포기하고 미끄러져도
힘내어 다시 일어나라고
생일날 미역국을 먹는 걸까

고비고비 이 험한 세상 살아내기 두려워
그 어린 핏덩이는 태어나는 순간
그리도 서럽게 목놓아 울음보를 터뜨린 걸까

정녕 아니다
잡초 한 뿌리
돌멩이 하나도
없이 존재하지 않는 바

하물며 만물의 영장일진대
더 배려하라고
더 나누라고
더 사랑하라고
더 행복하라고

더더더더더……

축정 불가

그래서 태어난 거다
나는
너는
우리는.

해바라기꽃

해바라기꽃을 좋아했음에도
그럴 자격을 잃어버려 못 본 체했던 꽃
이제는 당당하게 정면으로 보고 싶은 꽃
촘촘히 박힌 씨앗만큼이나 추억이 많은 꽃
늘 담 밖에서 스을쩍 안쪽을 수줍게 바라보던 꽃
듬성듬성 고소한 추억들을 빼내어 나누고 싶은 꽃
맘껏 해바라기꽃을 바라보고 싶습니다
그러고 싶습니다
이제는······.

벚꽃

어떤 벗은 북면 위례길 벚꽃 보러 간다 하고
어떤 벗은 애끓는 마음 뒤로하고
펄펄 끓는 기름에 닭 튀기고
어떤 벗은 부동산일 한다고 주말에도
벚꽃이 피든지 말든지
미동도 하지 않은 채 모델하우스에서
고객님 모시고 애교길히며 모델처럼 워킹 돌고

그날 저녁
벗들과 번개로 밤 벚꽃 아래 치맥 하면서
세상은 돌고 도는 거라고
서로 위로하며 회포 풀 수 있어 좋고

벚꽃보다 더 아름다운 벗들이
사계절 내내 벚꽃으로 핀다.

자판기 · 1

금값 · 은값 · 헐값 · 노처녀
소싯적 결혼 무렵
그런 말들이 유행했었다

결혼적령기라는 말은 이미 멀어진 지 오래됐으며
갈수록 비혼자 싱글족이 늘어나는 추세란다

'나 혼자 산다' 라는 TV프로가
인기리에 방영 중이고
별거는 흉도 아니고
아예 대놓고 돌싱 · 졸혼이라는 신조어가 생겼을 정도

이러다
남자 자판기가 생길지도 모른다는 상상을 해본다

혼자서는 삶이 버겁고 외로울 때 꾹 누르면
처연히 걸어 나와
따듯한 위로로 토닥여주는 남자

무미건조하고 지루한 날 누르면
짠! 하고 나타나
뮤지컬 · 영화 · 산책
그림도 같이 보며 해설까지 해주는 해박한 남자

월급날도 아직 멀었고 돈이 떨어졌을 때
부족하지도 넘치지도 않게 겸손하며
적당히 있는 남자가 나왔으면

어디 그런 자판기는 없을까?
이러다 이 사업 대박 뜨는 거 아닐까?

자판기 · 2

제시한 금액을 먹여주면
원하는 걸 토해 내는 자판기
한 치 실수도 없는
참 정직하고 똑똑한
자판기

커피 · 음료 · 스넥
휴지 · 책 · 꽃 · 컵라면
등본도 뽑아주고
사진도 찍어주고
구두도 닦아주는
손금까지 봐주는
참 친절한 자판기

그리운 부모님은
애틋한 첫사랑은
아련한 추억은
가버린 사람은

아무리 웃돈을 얹어
더 준대도 꿈쩍도 하지 않는
그저 고집스런 고철 덩어리
이재에도 밝지 못한
바보천치 자판기.

백경희 시집

꿈꾸는 돌

인쇄 2022년 2월 17일
발행 2022년 2월 22일

지은이 | 백경희

펴낸이 | 윤해순

펴낸곳 | **도서출판 예사랑**

등록일자 | 제2-4201호(2005년 7월 21일)
주　　소 | 서울시 구로구 부일로9길 127, 104-405
우편번호 | 08259
전　　화 | 010-5291-5522
팩　　스 | 02) 334-4010
e-mail : sooah83@hanmail.net

값 10,000원

* 잘못된 책은 바꿔 드립니다.

ISBN 979-11-965281-6-4　　　03810